POUSSIÈRE DE LUMIÈRE

Les fées sont là
et saupoudrent leur magie
sur toi pour te libérer,
t'alléger et t'emmener
dans leur monde enchanté.
Laisse-toi porter !

LA MOUETTE

La mouette apparaît
sur ton cheminement
pour te rappeler d'ajouter
du rire et de la légèreté
dans ton quotidien.
La joie est l'essence même
de la vie. Elle est le moteur
de toute chose.

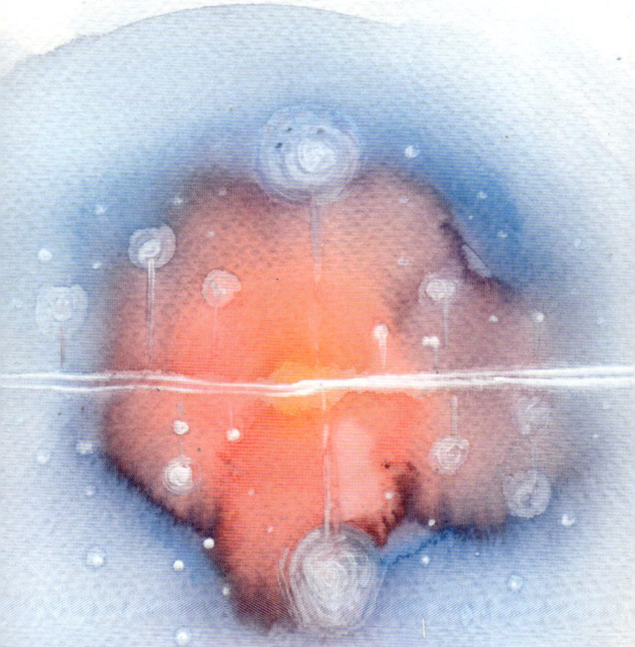

HEURE DOUBLE

Ton regard se pose régulièrement sur une série de chiffres, sur des heures doubles et miroirs. Ce sont les anges et tes guides qui tentent de te délivrer un message et de t'apporter leur soutien. Prêtes-y attention !

LA PLUME

Les choses ne prennent pas
la tournure que tu espérais.
Ton monde s'écroule.
Et pourtant, comme une
plume en suspens dans
les airs, les anges
te soutiennent
dans ce passage
vers toi-même.

LA PEUR

La peur est là. Tu la sens
dans tout ton corps.
Elle t'étreint à chaque décision.
Pourtant, elle est le signe
que tu t'approches de ta zone
de magie... Là où l'âme agit !

MESSAGES CACHÉS

Tes guides souhaitent entrer
en contact avec toi. Ancre-toi,
respire profondément, ferme les yeux
et écoute. C'est dans le silence
de ton esprit que tu recevras
les réponses que ton âme recherche.

FLEUR

Laisse-toi fleurir comme une marguerite à la douceur du printemps. Accepte que cela ne peut durer qu'un temps. Apprécie et profite de la beauté de cet instant.

LA ROSE

La magie de la rose t'appelle
et te guide vers les voies
de la sexualité sacrée.
Pars explorer les sensations
profondes de ta région sacrée
et la joie intense de cheminer
en conscience vers l'extase.

LE CERCLE SACRÉ

Depuis la nuit des temps,
le cercle nous ramène au sacré :
la roue de médecine, la Lune,
le Soleil, les cercles de paroles...
Il est temps pour toi d'entrer
dans la ronde magique
afin d'en découvrir
les effets.

LE PAPILLON

Le papillon était chenille.
Sa transformation
fut longue et périlleuse.
Rien ne le prédisposait
à de telles beauté
et légèreté. N'abandonne
pas, ta transformation
est certes douloureuse,
mais l'Univers
te soutient.

LUMIÈRE

La lumière,
c'est l'amour pur de l'Univers.
Elle est là pour toi et tout
autour de toi. Elle est là en tout
et pour tout, sans jugement
ni discrimination.
Nous ne faisons qu'Un.
Ressens cette lumière
qui nous relie les uns
aux autres.

OUI

La voie que tu empruntes
est clairement faite pour toi.
Continue d'avancer avec joie
et légèreté sur ton chemin
de vie, en totale liberté.

NON

Tu n'es pas au bon endroit, pas accompagné·e de la bonne personne, ou ce n'est peut-être pas le bon moment pour toi. Quoi qu'il en soit, la réponse à ta question est « non ».

COURAGE

Tu penses manquer de courage pour accomplir
avec succès le chantier de ta vie.
As-tu pensé à demander de l'aide ?
Invoque celle de tes guides,
le soutien de l'Univers
et l'accompagnement
de ton entourage.

IMPERMANENCE

Rien n'est permanent,
à part le changement.
Tout ton environnement
est voué à changer, à évoluer,
à se transformer sans cesse.
Garde confiance et sache
que, même dans les pires
moments, un rayon
de soleil éclairera ton ciel.

INSPIRATION

L'inspiration est une forme
de canalisation,
une communication éclair
en direct avec l'Univers
pour éveiller et illuminer
les consciences. Accueille
ce flux d'inspiration canalisé
et retranscrit-le avec clarté.

LIBÉRATION

Une liberation
profonde s'opère en toi.
L'Univers a entendu
tes prières, tes demandes,
tes intentions. Ressens
les tensions se libérer,
ton esprit s'apaiser. Respire
un grand coup et salue cet air
nouveau qui s'en vient.

CHAMAN

Entre ciel et terre, en connexion avec le monde d'en haut et le monde d'en bas, il te guide avec sagesse dans le monde du milieu. Invoque la guidance des chamans de ta lignée ancestrale pour t'accompagner.

LIGHTWORKER

Toute personne travaillant en lien
avec la magie de l'Univers est un artisan
de lumière. Tu fais pleinement
partie de cette grande famille.
À toi de le reconnaître et d'accepter
entièrement ton pouvoir.

L'ESPIÈGLERIE

Les farfadets viennent faire un tour dans ton quotidien pour réveiller ton âme d'enfant, pour raviver l'innocence, l'émerveillement et la malice. Aujourd'hui est un jour placé sous le signe du rire, de la légèreté et de l'instant présent.

L'ARAIGNÉE

Elle vient tisser sa toile
comme nous tissons
nos rêves. Un fil après l'autre,
une étape à la fois. Cette carte
est une invitation à rêver
en grand et à tisser le premier
fil de ton rêve.

NAISSANCE

Quand l'idée vient s'incarner
dans la matière et prendre vie,
tous les êtres de lumière qui t'entourent
et te soutiennent sont là, près de toi.
Ressens-tu leur présence annonçant
une naissance imminente ?

RAYON LUMINEUX

Un rayon de lumière,
tel un arc-en-ciel,
se présente pour te guider,
t'aiguiller et t'orienter.
Ressens son intensité
et sa grandeur.
Profite du spectacle
et suis sa lumière.

POUVOIR DE GUÉRISON

Au creux de tes mains se cache un pouvoir magique : celui de guérir grâce à l'énergie. Frotte tes paumes l'une contre l'autre et sens la magie s'activer comme un champ électromagnétique entre tes mains.

L'AIGLE

Prends du recul sur
ta situation actuelle et sur
les tracas de ton quotidien.
Envole-toi, tel un aigle,
pour accéder à une vue
d'ensemble sur ton existence
et élever ta vision
de la vie en général.

SYNCHRONICITÉS

Lorsque tu t'alignes et mets
de la joie dans ta vie, l'Univers
reçoit ta demande et ta vibration
et t'envoie les plus heureux
hasards, de beaux rendez-vous
et de magnifiques synchronicités.

ALIGNEMENT

De puissantes vagues énergétiques te traversent. De fortes vibrations te déroutent. Ton énergie a besoin de changer. Élève-toi. Lâche prise et arrête de nager à contre-courant. Aligne-toi au *flow* de l'Univers.

LE CHANT DES OISEAUX

Tends l'oreille et entends
la douce mélodie des oiseaux
qui vient te rappeler aux joies
et aux plaisirs simples.
Laisse-toi porter et emporter
par leur chant rieur, par leur
douceur et par leur candeur.

LE LEVER DU SOLEIL

La noirceur laisse place
aux premières lueurs du jour.
La lumière arrive à pas de velours
et dissipe les nuages de tes pensées.
Ta vie s'illumine, l'énergie
s'allège et ton esprit s'éclaire
à l'aube de ce nouveau jour.

RÉSONANCE

La résonance se crée
lorsque tu ressens
une secousse sismique
en ton for intérieur à l'écoute
d'une histoire partagée.
Sois attentif à ce partage,
même s'il te met mal à l'aise,
il s'y cache une clé pour toi.

LE MIROIR

Cette personne qui te dérange
t'est envoyée par l'Univers pour
que tu prennes conscience
de ce qui n'est pas aligné en toi.
Elle n'est que le reflet de toi-même.
Accepte-toi et mets en place
les changements nécessaires
pour te recentrer.

L'ABEILLE

Il est temps pour toi
de te mettre en action,
d'aller de l'avant et d'avancer
sereinement mais sûrement
vers ton objectif. L'abeille
et sa ruche t'invitent
à te remettre au travail
et à redoubler d'effort.

LA MEUTE

L'âme spirituelle du loup t'appelle. Entends-tu son hurlement ? La sagesse de la meute chante ton nom. Elle t'invite à te reconnecter à ta communauté, à ta meute et à la magie de ce cercle puissant et créateur.

LE FEU

Le feu peut être aussi créateur que destructeur. Il se présente à toi pour t'annoncer un travail de nettoyage énergétique et de transmutation profonde à entamer. Laisse ses flammes emporter ce qui t'alourdit.

L'EAU

L'eau est symbole de vie
et de guérison. Prends un temps
pour te déposer dans l'eau, au creux
de la mer/mère pour lui confier
tes douleurs, tes souffrances
et tes peines.

LA TERRE

La terre t'appelle et te guide à elle.
Relie-toi à sa puissance, à sa force
de transformation ainsi qu'à sa douceur.
Ancre-toi à elle énergétiquement
et tisse avec elle un lien physique
(marche, jardinage, etc.).

L'AIR

Le vent, telle une bouffée d'air
frais, vient te rafraîchir les idées,
alléger ton mental, éclairer
ton esprit et ta vision. Laisse-toi
porter par sa légèreté, emporter
par sa fraîcheur et régénérer
par sa nouveauté.

LA GUÉRISSEUSE

Elle croise ta route pour t'aiguiller vers ton chemin de liberté, vers ta lumière, vers le bonheur. Cette carte t'indique que tu as besoin de l'aide d'une guérisseuse ou que l'âme guérisseuse qui sommeille en toi est prête à s'éveiller.

LA BOUGIE

La flamme de la bougie
vient illuminer et faire danser
ton âme, dans son ombre
et sa lumière, pour te rappeler
que le cheminement
de l'âme est ainsi fait :
de pénombre et de clarté
vers l'évolution
et l'élévation.

VOYAGE ASTRAL

Ton âme part dans
des contrées lointaines
lorsque tu dors
ou que tu médites.
Fais-lui entièrement confiance,
elle sait ce qu'elle fait,
elle sait où elle va.
Cela fait des centaines
d'années qu'elle voyage.

LA TRANSE

Entre dans la transe. Dépose ton corps immobile sur le sol pendant que ton cœur et ton âme émergent dans une tout autre dimension. Explore, voyage et expérimente pleinement cette traversée.

CARTE BLANCHE

Cette carte est un message
clair et limpide de l'Univers.
Tu as sa bénédiction
et son soutien
pour entreprendre
cette nouvelle expérience
qui traverse ton esprit.
Tu as carte blanche !

LA CHUTE

Si tout s'effondre dans ta vie, c'est que les fondations n'étaient pas assez stables et solides. Accepte ce cadeau de l'Univers de pouvoir tout recommencer à zéro.

LE CHOIX

Un choix t'est imposé par l'Univers, un choix nécessaire à l'évolution de ton âme. Ferme les yeux et écoute. Suis simplement le chemin qui vibre le plus et génère de la joie dans ton cœur.